NOTICE
SUR LA VIE

DE M. LE DUC

Mathieu de Montmorency,

PAR M. **VETILLART**, VICE-PRÉSIDENT DE LA SOCIÉTÉ ROYALE D'AGRICULTURE, SCIENCES ET ARTS, DU MANS, CHEVALIER DE L'ORDRE ROYAL DE LA LÉGION-D'HON-NEUR.

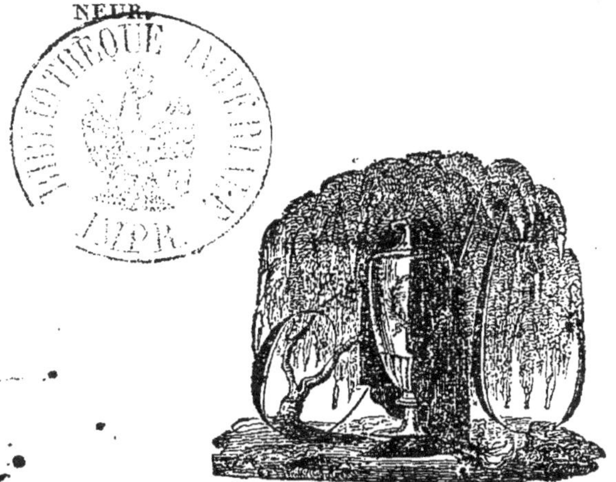

AU MANS,

IMPRIMERIE DE MONNOYER, IMPR. DU ROI ET DE M. LE PRÉFET.

1826.

NOTICE
SUR LA VIE

DU VICOMTE

MATHIEU-JEAN-FÉLICITÉ-MONTMORENCY-LAVAL ;

Duc Mathieu de MONTMORENCY,

Pair de France, Ministre d'Etat, Membre du Conseil privé, Maréchal de camp, Gouverneur du château de Compiègne, Membre administrateur du Conseil général des hospices, de l'Institution royale des sourds et muets, de l'hôpital royal des Quinze-Vingt, du Conseil royal des prisons, Vice-Président de la Société philantropique et de celle d'Instruction élémentaire, Chevalier d'honneur de S. A. R. *Madame* la Dauphine, Chevalier de St.-Louis, Commissaire honoraire de l'Association paternelle, Officier de la Légion-d'Honneur, Chevalier de l'Ordre de St.-André de Russie, Grand-Croix de l'Ordre de Charles III d'Espagne, l'un des Quarante de l'Académie française, Gouverneur de S. A. R. Monseigneur le duc de Bordeaux, né à Paris, le 10 juillet 1767.

QUE dire sur M. le duc Mathieu de Montmorency, après ce qu'a dit le noble Pair, son émule en talens et en vertus, M. le duc de Doudeauville !

Je viens répéter un éloge qui est dans toutes les bouches ; tel est l'empire du vrai mérite : il subjugue tous les cœurs, il entraîne tous les suffrages ; plus les grandes vertus sont rares, plus on y attache de prix, plus chacun semble regretter de ne pas les posséder.

Je m'estime heureux de tracer d'après des modèles une vie que déjà chacun a su apprécier ; on ne peut trop multiplier le portrait des hommes qui ont honoré l'humanité.

Le but de cette notice est de faire connaître M. de Montmorency, de faire chérir sa mémoire, de le proposer pour un modèle de bienfaisance et de vertu.

M. de Montmorency, Messieurs, appartenait à la province du Maine, par les grandes propriétés qu'il y possédait, par les bienfaits qu'il y a versés ; il a prouvé en toutes circonstances l'attachement qu'il portait au département de la Sarthe.

Président du collége électoral, il sçut se mettre au niveau de toutes les classes d'électeurs ; souvent confondu parmi eux, il excitait chacun à se montrer l'ami de son pays et de son roi ; son zèle ne fut pas infructueux, et le département de la Sarthe, grâce aux Montmorency, grâce aux Breteuil (1), reprit son rang de bon département.

M. de Montmorency protégeait particulièrement le commerce et l'industrie : il a fait obtenir aux fabricans de la ville du Mans la fourniture des étamines à pavillon.

Lorsqu'il passait dans cette ville, c'était les hospices, les prisons, les manufactures qu'il visitait, c'était le commerce qu'il honorait en honorant le commerçant ; quiconque aimait sa religion, son roi, sa patrie, était assuré de la bienveillance de M. de Montmorency.

(1) M. le baron de Breteuil, pair de France, était préfet du département de la Sarthe, lors de la présidence de M. de Montmorency.

Il était au Mans lors du passage du duc d'Angou-lême, en 1814; il admira les préparatifs faits pour recevoir ce prince, il fut tout étonné de voir un village entier transformé en arc de triomphe (1). A cette époque on ne pouvait encore se livrer sans danger à son enthousiasme pour les Bourbons; mais depuis, la France entière s'est couverte pour eux d'arcs de triomphe.

Combien il est regretté dans la ville de Bonnétable ! ses visites étaient marquées par autant de bienfaits, il abandonnait les avenues de son château pour promenades publiques, il a cédé à la ville la propriété d'une chapelle ; il avait créé une manufacture pour donner de l'ouvrage aux pauvres; il élevait des édifices religieux, soutenait et dotait de jeunes ecclésiastiques, il donnait des fonds pour des travaux de charité. Telles étaient les nobles occupations de M. le duc et de Mad. la duchesse de Montmorency.

Que la ville de Bonnétable se rassure, elle n'a pas tout perdu ; la bienfaisance du noble duc lui survit dans Mad. la duchesse de Montmorency, sa digne associée dans tous ses actes de vertu. M. de Montmorency affectionnait la commune de St.-Georges, voisine de son château ; souvent il allait s'y promener ; le curé et les

(1) M.me Berard avait fait construire à Pontlieue un cirque en arc de triomphe, qui était un chef-d'œuvre de goût ; des festons de toiles, des guirlandes de fleurs ornaient tout le bourg de Pontlieue. L'image de Henri IV, placé sur un des portiques de la ville, semblait présider à l'entrée du duc d'Angoulême.

habitans l'avaient prié de les seconder dans un établissement qu'ils projetaient de sœurs de charité, M. de Montmorency n'avait pas encore répondu ; eh bien ! tout récemment Mad. de Montmorency vient de donner des ordres pour assurer 400 fr. de rente à cet établissement.

Quels services M. de Montmorency n'aurait-il pas encore pu rendre dans le poste éminent auquel son mérite l'avait appelé ! Quelle perte pour ce département ! Manifestons nos regrets ; payons notre tribut de reconnaissance ; approchons de cette tombe révérée, et empressons-nous d'y jeter quelques fleurs.

Prononcer le nom de Montmorency, c'est annoncer une des familles les plus anciennes, les plus illustres, je ne dirai pas de la France ni de l'Europe, je dirai du monde entier. Aux croisades la bannière des Montmorency portait pour devise : *Dieu aide au premier baron chrétien.* Ce n'est pas seulement par son ancienneté, par ses grandes alliances, par ses biens, par des places éminentes que cette famille est distinguée ; c'est encore par de hauts faits d'armes, par des qualités rares, par d'éminentes vertus que les Montmorency se sont illustrés.

Dès son enfance, M. de Montmorency ressentit ce besoin de la gloire inné dans le cœur de sa famille ; dans le cours de ses études, il l'emporta sur tous ses rivaux, et, dès cette époque, ses talens littéraires commencèrent à se développer.

Cette carrière terminée avec honneur, on se doute bien que c'est la carrière des armes qu'embrasse un Montmorency ; mais la paix règne sur le continent ; il vole au-delà des mers ; c'est sous Washington qu'il fait ses premières armes ; en combattant pour la liberté d'une terre étrangère, il crut combattre pour la gloire de son pays, pour l'affranchissement des mers, pour le bonheur de l'humanité ; que d'espoirs ont été ainsi déçus ! Cependant cette guerre est couronnée d'une heureuse paix, M. de Montmorency rentre en France ; son nom, ses talens, le font élire membre de l'assemblée constituante, même avant l'âge requis. Il avoue dans son dernier discours prononcé à l'Académie française, *Qu'il a été appelé trop tôt peut-être à des fonctions publiques.* Et lorsqu'on a voulu mettre en opposition ses opinions de cette époque avec celles qu'il a hautement manifestées depuis, il a répondu par ces paroles d'une modestie sublime : *Le Roi m'a pardonné.*

M. de Montmorency cherche un réfuge dans les camps ; on aurait cru que la gloire des armes aurait mis le guerrier à couvert ; il prend du service sous le général Lukner ; mais bientôt il est forcé de quitter sa terre natale : il voit son frère et son général, moins prévoyans que lui, succomber sous le fer révolutionnaire.

C'est alors que s'évanouit pour lui le prestige de ces illusions brillantes, dont le crime abuse pour égarer la bonne foi.

M. de Montmorency employa le temps de son exil à cultiver son esprit, à former son cœur, à entretenir des liaisons dignes de ses talens. Lorsqu'il rentra en France, ce ne fut point les honneurs et les dignités qu'il rechercha, il s'ensevelit pour ainsi dire dans les hôpitaux, dans les prisons; ce n'est que pour son roi qu'il voulut revivre.

Après vingt ans de révolutions et de malheurs, le génie de la France triompha, les Bourbons reparurent, et avec eux leurs fidèles serviteurs; M. de Montmorency vola un des premiers à Nancy, au-devant de *Monsieur* (aujourd'hui Charles X), il en fut accueilli avec cette bonté qui toujours caractérise les Bourbons. Nommé chevalier d'honneur de la duchesse d'Angoulême, il accompagne cette princesse à Bordeaux, s'embarque avec elle, va rejoindre Louis XVIII à Gand, et rentre en France en même temps que lui.

Devenu pair de France, nommé ministre d'état dans sa carrière d'honneurs et de dignités, il n'oublia jamais ses amis des hospices, des prisons et de tous les établissemens de charité. M. de Montmorency renonça avec peine à la douce jouissance de s'occuper uniquement des malheureux pour s'occuper du bonheur général de la France. Aucune des matières qui se discutent à la chambre des pairs ne lui fut étrangère; il se distingua par son esprit, son jugement, son élocution agréable et facile.

Louis XVIII, qui se connaissait en talens, crut ne

pouvoir présenter à ses amis et à ses ennemis un meilleur ministre des affaires étrangères. La France applaudit à ce choix. La modestie de M. de Montmorency ne l'abandonna point dans ce poste éminent. Son éloquence, sa franchise, sa bonne foi, lui firent obtenir un triomphe éclatant sur ceux qui paraissaient douter de ses talens, et qui voulurent le mettre en contradiction avec lui-même : ses maximes conciliantes, son affabilité, ramenèrent au Roi beaucoup de sujets trompés.

Une révolution nouvelle affligeait l'Europe, l'anarchie régnait en Espagne ; les Souverains forment un congrès à Véronne ; sur quel chevalier français tombera l'honneur d'y représenter son Roi? la France désigne M. de Montmorency, Louis XVIII ratifie ce choix.

Ce digne ministre n'a pas brigué ce poste important, il sait combien les honneurs sont dangereux ; mais son roi l'appelle, il vole avec confiance au poste périlleux qui lui est assigné.

Son nom, sa réputation de loyauté, de talens, l'avaient précédé ; l'Europe entière a les yeux fixés sur M. de Montmorency.

Tout en déployant un grand caractère, il se concilie l'estime et l'amitié des Souverains et des membres du congrès. L'Empereur Alexandre et M. de Montmorency se trouvent particulièrement en rapport pour les grandes vertus et les grandes vues de bien public.

Seul il prend sous sa responsabilité tous les évènemens d'une guerre indispensable ; d'avance il annonce honneur et succès avec une telle confiance qu'il la fait partager à tous les Souverains. Cédant à l'impulsion du noble représentant de Louis XVIII, c'est à la France que l'Europe confie les destinées de l'Espagne.

M. de Montmorency s'empresse de venir annoncer au Roi ces grandes et glorieuses nouvelles ; c'est à la loyauté de Louis XVIII, c'est à l'estime dont il jouit dans toutes les Cours qu'il attribue cette honorable issue de sa négociation. Il paraît au conseil, il annonce qu'il a promis, au nom du Roi, au nom de la France, une guerre d'honneur. le Roi et tout son conseil partagent les grandes vues de M. de Montmorency ; mais la prudence, des mesures indispensables forcent à différer l'annonce et l'accomplissement de cette grande résolution. Le noble Pair craint de voir son honneur compromis ; l'Europe peut croire que la France hésite, que la parole donnée par un Montmorency n'est pas remplie ; sa grande ame souffre à cette idée ; il veut que l'Europe sache qu'il n'est pas complice de ces retards, et supplie le Roi de recevoir sa démission de Ministre des affaires étrangères. Le Roi reconnaissant des services de M. de Montmorency, et lui rendant toute justice, ne reçoit qu'avec peine cette démission, et lui envoie en échange le titre de Duc.

Le grand œuvre de la restauration de l'Espagne

qu'il avait conçu et commencé, se fit et s'acheva sans lui. Pour tout autre c'eût été une disgrâce; mais c'est au milieu de ses amis des hospices, des prisons; au milieu des sourds et muets, des aveugles, qu'il trouvait son plaisir et sa consolation. C'est au milieu des misères de l'humanité qu'il oubliait les grandeurs de la terre.

Tandis que plus modeste que jamais, le noble Duc bornait toutes ses jouissances à celles de son intérieur, à faire le bien et à cultiver les lettres. Un grand honneur se préparait pour lui.

L'académie française crut que M. de Montmorency, enlevé au ministère et à la diplomatie, appartenait aux sciences et aux belles-lettres. Le choix de l'académie fut un hommage éclatant rendu à ses talents. La séance publique de sa réception a été pour lui un vrai triomphe; il a prouvé dans un discours plein de sentiment, d'érudition, d'éloquence qu'il était digne d'un fauteuil qu'on aurait pu croire n'avoir été accordé qu'à son nom.

C'est toujours dans son élément qu'on se complaît; aussi tout le discours de M. de Montmorency roule-t-il sur la bienfaisance. C'est sous ces traits qu'il peint son prédécesseur. Avec quelle éloquence il rappelle les triomphes d'un Vincent de Paul pour les enfans trouvés, de l'abbé de Boismont, de l'abbé de Besplas pour les hôpitaux, de l'abbé Legris-Duval pour les petits savoyards. Son bon cœur se dilate à passer

en revue tous les grands établissemens de bienfaisance.
Il se peint lui-même en peignant les bienfaiteurs de
l'humanité.

(1) « Ceux (dit-il) qui se dévouent aux devoirs de
» la charité s'attachent à des amis, à des parens de
» tous les temps, de tous les jours, adoptent dans les
» pauvres et les malheureux une famille éternelle ».

Oui, noble Duc, vous vous êtes créé une famille
éternelle, les pères répartiront vos bienfaits à leurs
enfans, votre nom révéré vivra à jamais dans les
annales de la bienfaisance.

Quelle grande et noble idée remplit une partie du
discours du nouvel académicien! C'est un pacte de
famille qu'il veut établir entre la religion, les lettres
et la vraie liberté. « Sous l'auguste médiation de quel
» trône, de quel roi (dit le noble Pair) une alliance
» si pleine de repos, de gloire et d'avenir pourrait-
» elle être mieux proclamée qu'à l'ombre du trône de
» France, et à la voix du Roi qui l'occupe? L'al-
» liance de la religion et de la liberté n'est-elle pas
» ancienne, naturelle et nécessaire? Combien la liberté
» et la religion correspondent et marchent d'accord,
» soit qu'il s'agisse de faire du bien au monde, soit
» qu'il s'agisse d'enseigner leurs devoirs aux peuples
» et aux Rois, d'ennoblir ou de purifier la terre!
» N'est-ce pas à la voix du christianisme naissant,

____

(1) Discours prononcé à l'académie française.

» qu'a disparu de l'univers l'esclavage, l'éternel op-
» probre de la prétendue liberté de Rome et d'Athènes?
» Depuis cette grande réparation, depuis cette solen-
» nelle expiation d'un si cruel outrage à la dignité
» de l'homme jusqu'à l'affranchissement des serfs du
» Jura, ordonné par Louis XVI, n'est-ce pas la
» religion qui a voulu et protégé la liberté?

» Combien de siècles avant les tribunes politiques,
» du haut des tribunes sacrées, les devoirs des Rois
» et les interêts des peuples étaient recommandés et
», prescrits au nom du ciel ! La religion a-t-elle at-
» tendu qu'une lâche et criminelle audace vînt in-
» sulter la royauté vaincue, pour étonner la première
» cour de l'univers par le courage du ministère
» évangélique?

» Qu'ont révélé à l'histoire ces belles paroles? *Il
» a fait son devoir, faisons le nôtre.*

» Magnifique et sublime éloge tout ensemble de
» la royauté chrétienne qui pratique des vertus si
» humbles, et de la religion qui inspire de tels apô-
» tres ».

Voilà, Messieurs, l'élévation des pensées, la no-
blesse de stile de M. de Montmorency; qui ne croirait
entendre Bossuet ou Fénélon !

Avec quelle émotion il parle de la mort de l'Empereur de Russie; personne ne savait mieux que lui
la perte que faisait l'Europe. Voici comment il peint
« ce fidèle allié de la France, ce Prince sitôt et si

» cruellement ravi aux plus hautes et aux plus heu-
» reuses destinées ; tous les intérêts de l'humanité
» étaient chers et sacrés au cœur généreux d'A-
» lexandre.

» Ce qu'Alexandre a donné en exemple au trône ,
» en paix et en repos au monde, en générosité , en
» désintéressement , en services à la France , la
» poésie , l'éloquence , l'histoire le rendront à sa
» mémoire, en justice, en reconnaissance, en immor-
» talité ».

Le noble duc ne prévoyait pas que bientôt on allait
lui appliquer à lui-même ce qu'il avait si bien dit
pour un autre héros ; combien tous les intérêts de
l'humanité n'ont-ils pas été chers à son cœur généreux ! Déjà l'histoire , la poésie et l'éloquence ne
s'empressent-elles pas d'immortaliser le grand exemple de vertu qu'il a donné au monde ?

Le chef-d'œuvre de M. de Montmorency est le portrait de Charles X ; comme il se complaît à parler de
celui qu'il aime par-dessus tout.

Écoutons le langage du cœur , c'est M. de Montmorency qui parle :

« La religion de Charles X est sincère comme lui-
» même , sage et digne du trône comme celle de
» Fénélon et du duc de Bourgogne ; sa charité est le
» seul bonheur qui le repose de ses austères devoirs.

« Il a juré les libertés publiques , elles sont par-là
» même garanties. J'espère , et c'est mon ambition ,

» a dit le Roi à l'Académie française, que vous aurez
» à dire de moi que j'ai consacré toute ma vie au
» bonheur de mon peuple.

« Oui, Messieurs, nous transmettrons à nos suc-
» cesseurs le devoir doux et sacré de perpétuer la mé-
» moire de Charles X; ils garderont, ils immortali-
» seront dans leurs écrits; tout ce que le Roi aura
» fait de bien, tout ce qu'il aura dit de bon et de
« beau. L'Académie française sera heureuse de s'avouer
» vaincue dans sa propre science, dans l'art de bien
» dire, quand elle recueillera tous ces mots charmans,
« tous ces traits dignes de mémoire, que le bonheur
» de ceux qui approchent du trône est d'entendre plus
» souvent; tout ce qu'on peut appeler la langue des
» Bourbons, langue inimitable, ou le cœur le dis-
» pute à l'esprit, la raison à l'à-propos, l'élégance à
» la justesse, la grâce à la bonté. »
Quelle délicatesse dans cet éloge! c'est orner la
vérité de toutes les fleurs académiques.

Un vœu royal, un vœu populaire portait M. le duc
de Montmorency au poste le plus éminent; qui pouvait mieux apprécier ce serviteur par excellence que
Charles X; qui se connaît mieux en vertus que celui
qui les pratique toutes? Quel choix fut jamais plus important que celui d'un gouverneur pour le duc de
Bordeaux?

Écoutons M. de Montmorency lui-même parler de
ce qu'il appelle *un immense et redoutable honneur,*

l'effroi de sa faiblesse et la perpétuelle occupation de sa conscience.

« J'appelle à mon secours les paroles d'un Roi ;
» Louis XIV commandait (dit l'illustre évêque de
» Meaux) à ceux à qui il confiait l'éducation de son
» fils, de le rendre digne d'être proposé pour modèle
» à la jeunesse, pour exemple à la nation, pour pro-
» tecteur à tous les amis de la vertu, des sciences et
» des lettres.

« Voilà le code tout entier des institutions des rois
» dicté par un grand Roi, et transmis par un grand
» homme ; quand je lis ces paroles héréditaires (con-
» tinue le digne gouverneur du duc de Bordeaux), je
» crois entendre le petit-fils de Louis XIV donnant les
» mêmes ordres au sujet obéissant et fidèle à qui il
» confie l'enfant du miracle ; l'espoir de la France ,
» cette tête si chère , sur laquelle se réunissent encore
» une fois la tendresse d'un père et les projets d'un
» Roi ; je crois entendre l'auguste mère qui secon-
» dera si bien les royales leçons , puisqu'elle n'aura
» besoin pour inspirer à son fils le goût des lettres et
» des arts , que de lui montrer les seules consolations
» de sa noble vie ; pour lui enseigner le courage et les
» hautes vertus , que de lui raconter son histoire et
» ses malheurs.

« Paroles de Louis XIV, paroles de Charles X ,
» souvenirs de Bossuet et de Fénélon , vous serez à
» jamais présens à la pensée de celui qui, de l'im-

» mortel héritage de ces grands hommes, n'a recueilli
» que la fidélité à leurs doctrines, le goût de leurs
» écrits, l'admiration de leur génie, l'amour de leurs
» vertus, le culte de leur gloire. »

Quel bel avenir nous eût préparé celui qui avait de
pareils principes gravés dans le cœur, et qui savait
si bien les exprimer !

Auguste enfant, pleurez un ami plutôt encore qu'un
gouverneur; il rendait la vertu si aimable qu'il vous
l'eût fait aimer ; vous auriez appris les vrais principes
de la religion, des bonnes mœurs, de la véritable
gloire, de la vraie liberté comme un enfant apprend
naturellement la langue qu'il entend continuellement
parler autour de lui.

Mais consolez-vous, royal enfant, il est encore de
grands noms, de grands talents et de grandes vertus.
Charles X a fait voir qu'il se connaissait en hommes,
il fera un choix qui ne peut manquer de rassurer la
France.

Que puis-je faire de mieux pour faire connaître
M. de Montmorency, que d'emprunter le portrait
d'après nature qu'a tracé à la Chambre des Pairs, son
ami, son noble collègue, M. le Duc de Doudeauville,
c'est un chef-d'œuvre de vérité et de diction.

« Jamais on ne vit un meilleur fils, un meilleur
» mari, un meilleur père ; j'en atteste les lamen-
» tations de sa vertueuse femme, le désespoir de sa
» tendre mère, les gémissemens de sa sensible fille.

» J'atteste aussi les larmes des infortunés, de ses
» amis, de ses serviteurs pour montrer à quel point
» il était bon maître, protecteur zélé, excellent ami.
» J'en atteste surtout l'immense concours de tous les
» âges, de toutes les classes, de tous les états qui ont
» accompagné son char funéraire : vous en avez été
». témoins, Messieurs, et vous avez été, avec sa famille, vivement émus de ce touchant spectacle, de
» cet empressement extraordinaire, de cette éloquente
» oraison funèbre.

» Son amitié était si constante, son esprit si conciliant, sa vertu si douce, sa piété si aimable; toutes
» ses qualités se peignaient dans tous ses traits, sur
» toute sa physionomie.

« Sa religion, aussi éclairée que bien entendue, était
» celle de saint François de Salles, de Fénélon. Nulle
» sévérité si ce n'était pour sa personne, aucune rigueur si ce n'était pour sa conduite. Il voulait faire
» aimer ce qu'il aimait lui-même, et il y réussissait
» selon ses desirs. C'était en s'occupant des autres
» qu'il voulait s'occuper de lui; c'etait en étant utile à
» ses semblables qu'il pensait être utile à Dieu; c'était
» en accomplissant de son mieux tous ses devoirs, qu'il
» croyait exécuter les ordres et faire la volonté de celui
» auquel il dévouait ses actions et ses pensées.

« On lui reprochait quelquefois de pousser l'indul-
» gence un peu loin, c'était un beau défaut, et c'est
» un défaut bien rare surtout aujourd'hui, sa source

» n'en était pas moins belle, il voyait tout à travers
» son âme et son âme était pure.

« Offrant une réunion peu commune de qualités es-
» sentielles et séduisantes, il fut apprécié par toutes
» les opinions, estimé par tous les partis, aimé par
» tous ceux qui l'approchèrent.

« Son éloge est dans toutes les bouches, son apo-
» logie dans tous les éccrits, le regret dans tous les
» cœurs. »

Voilà l'homme de bien que la France a perdu ; voilà
le héros de vertus qui devait former l'esprit et le cœur
du duc de Bordeaux, et que le Roi avait associé aux
grandes destinées de ce prince.

Si on admire une si belle vie, la mort de M. de
Montmorency n'est pas moins à envier ; elle semble
avoir été une faveur éclatante du ciel. Sans doute elle
avait été vivement desirée et sollicitée par cet homme
de Dieu, du moment où il avait senti la nécessité de
son sacrifice.

M. le duc Mathieu de Montmorency a rendu sa
belle âme à Dieu, sans effort, entre les bras de sa
femme et de sa fille, dans le temple du Seigneur,
au pied des autels, au pied de la croix, auprès du
sépulcre, le jour et à l'heure même de la mort du
Sauveur du monde.

L'homme religieux gravera sur sa tombe :

« Il a vécu en juste, il est mort en prédestiné. »

FIN.